Noemí Escandell

PALABRAS

Traducción de
Joan Dargan

SLUSA
New Jersey
1986

Noemí Escandell

WORDS

Translated by
Joan Dargan

SLUSA
New Jersey
1986

© by Noemí Escandell
SLUSA
P.O. Box 832
Somerville, N.J. 08876-0832
ISBN: 0-917129-03-2
Library of Congress Catalog Card Number: 86-060395
Portada: Alexander Calder: «On the High Wire,» 1932
Foto por Gilda Simón

P.O. Box 832, Somerville, N J. 08876

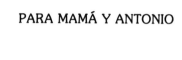

PARA MAMÁ Y ANTONIO

PALABRAS/WORDS

Es algo que merezca recordarse por
alguna razón parecida a la nada
Enrique Lihn

It is something worth remembering
for some reason like nothingness.
Enrique Lihn

GALAN DE NOCHE

Galán de noche, galán
a mi reja, a mi balcón
mi mano trémula toma
que ya la luna se asoma
delatando en un rincón
lánguido, amoroso afán.

Centinelas del jardín
galán de noche, laurel
en el perfume de un beso
queda mi corazón preso
ardiente como el clavel
pálida como el jazmín.

Prensada guardo aún la flor
seca del galán de noche
de aquellos tiempos dichosos
tantos recuerdos hermosos
renacen en esta noche
sin jardín, galán ni amor.

GALAN DE NOCHE *

Galán de noche, lover
at my grille, at my balcony
he takes my trembling hand
now that the moon is already rising
betraying in a corner
languid, amorous care.

The garden's sentries
galán de noche, laurel
in the perfume of a kiss
my heart is made captive
passionate like the carnation
pale like jasmine.

I still keep the dry pressed flower
of the *galán de noche*
of those happy times
so many lovely memories
are reborn this night
bereft of garden, gallant, love.

*Night jasmine

13

OJOS CLAROS, SERENOS

Ojos claros, serenos
entre tanto ojo negro
buscábamos en vano
aprendiendo el poema
con esmero copiado.

Ojos claros, serenos
más allá de los mares
por fin los encontramos
nuestras tiernas raíces
secándose en el aire.

Ojos claros, serenos
palabra por palabra
gozosos recordamos
nuestras viejas raíces
otra vez retoñando.

OJOS CLAROS, SERENOS

Eyes clear and serene
amidst so many dark eyes
we were seeking in vain
learning the poem
copied down with such care.

Eyes clear and serene
beyond the seas
in the end we found them
our tender roots
drying up in the air.

Eyes clear and serene
word for word
joyfully we remembered
our old roots
growing once again.

CONFIDENCIAS

Se puede decir todo, o casi todo
pero después, ¿qué se hace con las manos?
¿cómo se queda el beso en la mejilla?
¿cómo se cubre tanta raíz al aire?

Después son las palabras que no dicen
seguidas de silencios que no callan
y entonces los adioses no despiden
y mañana se vuelve una esperanza.

Mañana que sabemos que no existe
más allá del ahora que no basta
más acá del ayer irreversible
cuya clave buscamos insaciables.

CONFIDENCES

Everything can be told, or almost everything
but afterwards, what is to be done with the hands?
how does the kiss stay on the cheek?
how does one protect so many roots exposed to air?

Afterwards, the words that are not said
are followed by silences that do not stay silent
and then goodbyes do not say goodbye
and tomorrow becomes a hope.

A tomorrow we know does not exist
beyond a today that is not enough
closer to an irreversible yesterday
the key to which insatiably we look for.

PAUSA

Y ahora a esperar que pase
si es que pasa
este desasosiego
que me estruja los huesos
me desata las manos
me anuda las entrañas.

Será que es primavera
y comienza el otoño
que el bosque está poblado
de ninfas y de sátiros
que el hielo se derrite
y los pájaros cantan.

Era todo tan fácil
antes de las palabras
cuando todo fluía
como el agua en los cauces
la broma, la sonrisa
el gesto, la mirada.

Pero se han desbordado
las aguas de su cauce
y los ojos, las manos
los huesos, las entrañas
infatuados se buscan
miedosos se rechazan.

PAUSE

And now to wait for it to pass
if it is to pass
this restlessness
that crushes my bones
unties my hands
knots my insides.

It must be because it is spring
and fall is approaching
that the woods are full
of nymphs and satyrs
that snows are melting
and birds are singing.

Everything was so easy
before words were spoken
when everything flowed
like water in riverbeds
the joke, the smile
the gesture, the gaze.

But the waters have overflowed
in their beds
and the eyes, hands,
bones, insides
search for each other, infatuated
fearful, they pull back.

PRISIONES

Una paloma blanca llevo en el pecho
rota tiene las alas por estar presa
una paloma blanca
una paloma leve
palomita enjaulada
muerta de pena.
Una llave de plata su carcelero
guardada lleva siempre dentro del pecho
llavecita de plata
llavecita maestra
llavecita encerrada
por ti soy presa.

PRISONS

A white dove I keep in my heart
her wings are shattered, for she is captive
white dove
little dove
small captive dove
dying of sorrow.
A silver key her jailer keeps
locked up inside his chest
small silver key
locked-up key
for you I am captive.

PRESAGIO

Siento que lo encontraré
donde el camino se acabe
entre amapolas nevadas
y jazmines perfumados.

Serán valientes sus ojos
luminosa su mirada
generosa su sonrisa
reparadoras sus manos.

Será su amor como un río
de heladas corrientes blancas
y su abrazo como el viento
desatado entre las ramas
de los pinares gimientes
y los sauces emplumados.

Siento que lo encontraré
al final de la jornada
cuando las huellas se borren
y los pasos se deshagan.

PRESAGE

I know that I will meet him
where the path ends
amid snow-covered poppies
and scented jasmine.

Brave will be his eyes
luminous his gaze
generous his smile
soothing his hands.

His love will be like a river
of cold, white currents
and his embrace like the wind
rushing through the branches
of the moaning pines
and the feathered willows.

I know that I will meet him
at the end of the day's journey
when tracks are wiped away
and footsteps disappear.

NUPCIAS

En mi lecho florido
ha sido primavera
qué de botones dulces
a tus manos se dieron
qué de caricias suaves
qué de palabras tiernas.

En mi lecho de flores
mis botones se abrieron
uno a uno entre tus manos
dulcemente gimiendo.
Afuera la tormenta
azotaba impotente.

NUPTIALS

In my flower bed
it was spring
what sweet buds
gave themselves to your hands
what smooth caresses
what tender words.

In my flower bed
my buds opened up
one by one, softly moaning,
to your hands.
Outside, the storm
was raging, impotent.

25

STEEPLETOP

No he llegado a la cima todavía
del alto campanario en la montaña
aún me bastan los prados
bordeados por el bosque, los abetos
empolvados de escarcha
los senderos crujientes
y el rojo resplandor del quieto ocaso.
Me basta el resplandor de tu sonrisa
la luz ardiente de tus ojos claros
las largas noches llenas de suspiros
y el corto amanecer entre tus brazos.

STEEPLETOP

I still have not reached the top
of the tall steeple mountain
Yet enough for me the fields
lined by woods, the firs
powdery with frost
the rustling paths
and the red blaze of the still sunset
Enough for me the blaze of your smile
the burning light of your clear eyes
the long nights filled with sighs
and the short daybreak in your arms.

TESOROS

Cuando se pone el sol, cuando amanece
cuando la luna pule
las crestas de las olas
cuando asoma el lucero
cuando tu risa alumbra mi aposento
y tu silueta amada se recorta
en el cansado marco de mi puerta
cuando encuentran mis ojos tu mirada
queda todo en suspenso.
Sol, luna, mar, lucero
menos que tu sonrisa me iluminan
menos que tu presencia me sustentan
menos que tu mirada me encandilan
menos perderlos temo que perderte.

TREASURES

When the sun sets, when the dawn breaks
when the moon shines
on the crests of waves
when the North Star appears
when your laughter lights up my room
and your beloved silhouette stands out
against the worn frame of my door
when my eyes meet your gaze
all is suspended.
Sun, moon, sea, North Star
light me up less than your smile
sustain me less than your presence
enkindle me less than your gaze
Losing them I fear less than losing you.

CLAUDICACION

He querido la espuma de los mares
los reflejos del agua
el arcoiris doble que flotando
vi una vez sobre el lago.

He querido la luna y las estrellas
y he subido a buscarlas
dejando en los peldaños de la escala
sangre, sudor y lágrimas.

He querido ser dueña de mis pasos
señora de mi sombra
tirana de las ansias de mi alma
ama de mis pasiones solitarias.

Ahora quiero tan solo ser tu esclava
hacer lo que me mandes
recibir el aliento de tus labios
para seguir viviendo entre tus brazos.

STEPPING DOWN

I wanted the foam of the seas
the reflections of the water
the double rainbow I once saw
floating above the lake.

I wanted the moon and the stars
and I climbed high to reach them
leaving on the rungs of the ladder
blood, sweat and tears.

I wanted to be mistress of my steps
owner of my shadow
ruler of the fears in my soul
mistress of my solitary passions.

Now I want only to be your slave
to do what you command
receive breath from your lips
go on living in your arms.

PLEGARIA

Sigue el lago irradiando
plateado sus reflejos
sigue rizando el viento
sus aguas transparentes
siguen las nubes rosas
precediendo al lucero
baja el sol cada tarde
su círculo de fuego
y se asoma la luna
blanca en el firmamento.
Cada tarde mis labios
se ofrecen a los besos
de los tuyos ausentes
cada noche te busca
sin poder encontrarte
el calor de mi cuerpo.

Que amanezca temprano
que rápido anochezca
que el tiempo y la distancia
se apiaden de mi espera
que te tenga a mi lado
y que estrecharte pueda
para siempre en mis brazos
sin temor a perderte.

PRAYER

The silver lake is still
sending out its reflections
The wind is still rippling
the transparent waters
Pink clouds are still
preceding Venus
The sun lowers each night
its circle of fire
and the moon appears
white in the firmament.
Each night my lips
give themselves to the kisses
of your absent lips
Each night the warmth of my body
seeks you,
unable to find you.

May early dawn
may rapid nightfall
may time and distance
take pity on my waiting
May I hold you by my side
and enfold you
in my arms forever
without fear of losing you.

AUSENCIA

Todo se ha fragmentado
todo yace incompleto
como sin ti yo yazco
con la piel encendida
de sol y agua salada
en la arena caliente
junto al mar de mi infancia.

Porque me faltas tú
lo de antes no me basta
ni las olas de espuma
rompiéndose en la playa
ni las palmas erguidas
ni el azul horizonte
ni la verde montaña.

No me basta el recuerdo
de yacer a tu lado
no me bastan las noches
de soñarte abrazándome
ni las tristes mañanas
a solas despertando
sólo tú ya me bastas.

ABSENCE

All is in fragments
all lies incomplete
as without you I lie
skin burning from sun
and salt water
on the hot sand
near my childhood sea.

Because you are far from me
what went before is not enough for me
nor are the waves of foam
breaking on the beach
nor the erect palm trees
nor the blue horizon
nor the green mountain.

Neither is the memory
of lying by your side sufficient
nor are the nights
of dreaming you embrace me
nor are the sad mornings
of waking to myself
You alone are sufficient.

MORADAS

Ven conmigo a vivir en el desierto
nunca te perderás porque no hay sendas
no morirás de sed
beberás gota a gota
de un manantial secreto
yacerás solitario
en un lecho de arena
te arrullarán los vientos.

Vete solo a la selva, allá te esperan
Inagotables ríos sin riberas
eternas noches verdes;
sobre mullidos musgos
velarás sin sosiego
hollando plantas tiernas
avanzarás sin rumbo
sin dejar una huella.

Mi casa es junto al mar, a ella se llega
atravesando un bosque de pinares
por un camino estrecho
ascendiendo una cuesta;
cada día amanece un sol de fuego
cada tarde se pierde en el poniente.
Mi pobre choza es tuya si la quieres:
es todo lo que tengo.

DWELLINGS

Come with me to live in the desert
you will never be lost, for there no paths are to be found
nor will you die of thirst
you will drink drop after drop
from a secret fountain
you will lie alone
on a bed of sand
the winds will lull you to sleep.

Go alone to the jungle, waiting for you there
are inexhaustible rivers having no banks
eternal green nights;
on soft mosses
you will lie awake
you will go forth without a route
trampling tender plants
leaving no trace.

My house is by the sea, it can be reached
through a forest of pines
by a narrow path
ascending a hill;
every day a fiery sun appears
and at night disappears into the west.
My humble dwelling is yours if you want it:
it is everything I have.

INICIACION

En las primeras gradas de tu altar
me arrodillé temblando
con mi ofrenda de flores
salpicada de lágrimas.

De las primeras gradas de tu altar
me levanté cantando
coronada mi frente
con perfume de nardos.

Sobre la dura piedra de tu altar
una a una fui dejando
mis tímidas ofrendas
salpicadas de sangre.

INITIATION

On the first steps of your altar
I knelt down trembling
with my offering of flowers
sprinkled with tears.

From the first steps of your altar
I raised myself up singing
my forehead crowned
with the perfume of spikenard.

On the hard steps of your altar
I left one by one
my timid offerings
sprinkled with blood.

PALABRAS

Sentados junto al fuego
contemplamos las llamas
lamiendo los maderos
crujientes, sin hablarnos
prendidos al silencio
rehuyendo las palabras
que descubren los nombres
de las cosas sagradas.

Ebrios del vino raro
de pronunciar palabras
como copas de espuma
de encontrar resonancias
en el fondo secreto
de otras ansias iguales
desterrando el silencio
felices, nos amamos.

Hartos del goce amargo
de dos cuerpos cansados
añorando el silencio
blandiendo la palabra
hiriente, descarnada
altiva, irremediable
barrimos las cenizas
del fuego ya apagado.

Salimos al sendero
contemplando en silencio
la noche sin estrellas
pronunciando despacio
el adiós sin mañana
midiendo las palabras
civiles, engañosas
vacías, sin esperanza.

WORDS

We sat down by the fire
and contemplated the flames
that licked the crackling logs
not speaking
captivated by the silence
that discloses the names
of sacred things.

Drunk on the rare wine
of saying words
like goblets full of foam
of meeting resonances
in the secret depth
of other, same anxieties
banishing the silence
happy, we made love.

Tired of the bitter pleasure
of two exhausted bodies
yearning for silence
brandishing speech
that was cutting, detached
lofty, irremediable
we swept the cinders
of the fire already gone out.

We went to the path
and contemplated in silence
the starless night
slowly pronouncing
our futureless goodbyes
measuring a language
civil, false
empty, without hope.

DESAMPARO

Ir perdiendo las naves
ir quedando en la orilla
entre el mar y la arena
náufrago del recuerdo
caminante sin huellas
recorriendo descalzo la ribera.

Ir pronunciando un nombre
entre flujo y reflujo
de largos días inertes
navegante sin rumbo
dibujando en la espuma
el trazo inalcanzable de los sueños.

HELPLESSNESS

To go on losing ships
to remain on shore
between sea and sand
shipwrecked by memory
wanderer who leaves no tracks
scouring the shore barefoot.

To pronounce a name
between the ebb and flow
of long, inert days
sailor without a compass
drawing in the foam
the unattainable outline of dreams.

DESESPERANZA

No tener esperanza y esperar todavía
arrastrar cada día la carga del pasado
viviendo en el presente sin rumbo, a la deriva
cómo duele Dios mío.

Cómo duele perderte por haberte querido
cómo duele tu imagen grabada en mi retina
cómo duelen tus labios, tus dientes, tu sonrisa
cada vez que sonrío.

Así pasan los días del verano, insaciables
así espero en las noches a que lleguen los días
así vivo mintiendo mientras muero viviendo
sin morir todavía.

HOPELESSNESS

Not to have hope and still to hope
to carry each day the weight of the past
living adrift in the present, without a path
my Lord, how it hurts.

How it hurts to lose you for having loved you
how it hurts, your image in my retinas engraved
how they hurt, your lips, your teeth, your smile
each time I smile.

So pass the insatiable days of summer
so I wait in the nights for the days to come
so I live lying while I die living
and still without dying.

COUP DE GRÂCE

Puñal de oro
mil veces enterrado
tenaz en las entrañas
desgarrando sin sangre
el pecho, el vientre, el labio
amordazando el grito
sellando la palabra.

Puñal de plata
hurgando en los recintos
recónditos del alma
buscando en los escombros
porque no quede acaso
un resto de ternura
un girón de esperanza.

COUP DE GRÂCE

Dagger of gold
a thousand times buried
deep in the breast
rending without bloodshed
the heart, the womb, the lip
silencing the cry
sealing the word.

Dagger of silver
stirring the hidden
depths of the soul
raking the ruins
so that there may not remain
a remnant of tenderness
a shred of hope.

BLANCO Y NEGRO

Pura y redonda luna
blanca en el firmamento
ramo nupcial de nardos
blanco velo de seda
plumas de cisnes blancos
blanca la luna llena
luna de madrugada
entre mis negras rejas.

Entre las negras nubes
sale la luna entera
deshojados los nardos
los blancos cisnes muertos
el albo velo roto
blanca la luna llena
luna de madrugada
sobre mi pena negra.

BLACK AND WHITE

Pure and round moon
white in the firmament
nuptial bouquet of spikenard
white veil of silk
white swan feathers
white the full moon
moon of early morn
behind my black bars.

From behind the dark clouds
the full moon emerges
spikenard stripped of petals
white swans dead
white veil torn
moon of early morn
above my black sorrow.

LUNA LLENA

Esta noche la luna
no es como aquella luna
cuadriculada luna
celestinesca luna.

Es una luna fría
es una luna tersa
una luna vacía
una luna perversa.

Tras el vidrio escarchado
mi mortaja de hielo
su rostro nacarado
mofa mi desconsuelo.

FULL MOON

This night the moon
is not like that other moon
moon behind a screen
Celestinaesque moon.

It is a cold moon
a polished moon
an empty moon
a perverse moon.

Behind the frosted glass
my shroud of ice
her nacreous face
mocks my sorrow.

QUEJA

Volver a errar la senda
tan ciega y torpemente
no aprender que el camino
es de abrojos y ortigas
dejarse y olvidarse
que la rosa es de espinas
despertarse sangrando
de mil llagas y heridas.

Es la vida, la acepto
sin quejarme la vivo
sin flaquear la agradezco
y a veces la bendigo;
mas Señor, el engaño
la doblez, la malicia
la paloma hecha cuervo
¿tanto hemos merecido?

COMPLAINT

Losing the way again
so blindly and stupidly
not learning that the path
is made of thorns and nettles
giving oneself up and forgetting
the rose has thorns
waking up from sleep bleeding
with a thousand sores and wounds.

Life is so, I accept it
without complaining, I live it
without wearying, I go through it
and at times I do bless it
but Lord, the deceit
the duplicity, the malice
the dove turned raven—
have we deserved all of this?

CUANTO CUESTA DIOS MIO

Cuánto cuesta Dios mío
vivir y seguir vivo
sentirse fallecer a cada instante
mientras que los cadáveres tranquilos
descansan en su casa tan campantes.

Cuánto cuesta seguir hacia adelante
viendo a los que desandan las jornadas
retoman el camino
reviven lo vivido
sin haber aprendido casi nada.

Cuánto cuesta lidiar con el destino
conociendo ya todas sus jugadas
y seguir aferrándose a la vida
con todas sus espinas
no menos dolorosas por sabidas.

HOW HARD, OH LORD

How hard, oh Lord
to live and go on living
to feel each instant like dying
while the dead rest peacefully
in their cozy beds.

How hard to keep on climbing
seeing those who retrace life's journey
relive what was lived before
having learned almost nothing.

How hard to battle destiny
already knowing all its moves
and to cling stubbornly to life
with all its thorns
no less painful for being known.

RAICES

Del barro de los días y las semanas
se me han desarraigado las raíces
apenas de los meses una estela
la superficie tersa ha conmovido.

Hoy es el despertar del mal letargo:
calar bien firme y hondo las raíces
contar avaramente cada hora
medir sin compasión cada segundo.

Y atrás queden las aguas estancadas
con sus inquebrantables superficies
en su aire pestilente embalsamados
los días y las semanas confundidos.

ROOTS

From the earth of the days and the weeks
my roots have become uprooted
a trail of months have hardly stirred
the smooth surface.

Today is the awakening from wretched lethargy:
deeply and firmly take root
like a miser count each hour
ruthlessly measure each second.

And leave stagnant waters behind
with their unbroken surfaces
enbalmed in their pestilent air
the days and weeks mixed together.

SIEMBRA

Así es como hay que hacerlo
de raíz
arrancar los abrojos
arrojarlos al fuego
luego viene la siembra
los terrones
se abren a la simiente
tan propicios
a la ávida simiente
que germina
en el húmedo barro
fecundado
con los nuevos sudores
vieja sangre
disipada en abrojos
tantas veces.

SOWING

This is how it must be done
pull up the weeds
from the roots
throw them into the fire
next comes sowing
the earth
opens up to the seed
so propitious
to the avid seed
that germinates
in the damp soil
fertilized
with new drops of sweat
old blood
wasted on weeds
so many times.

FECHAS

Como un pedazo grande
de pan blanco que el padre
separa con las manos
dispendioso a la mesa
está hermosa la luna
encerrada en un halo
amarillo y redondo
luminoso y perfecto
(hace un año la luna
debe haber sido llena).
Encerrada en un halo
mi pobre luna trunca
sola alumbra en el cielo;
con el rumbo perdido
mi pobre luna errante
de la tierra contemplo.

DATES

Like a large piece
of white bread the father
breaks with his hands
lavish at table
so the lovely moon
encircled by a halo
yellow and round
luminous and perfect
(the moon a year ago
must have been full).
Encircled by a halo
my poor cut-off moon
alone gives light
direction lost
my poor wandering moon
I contemplate from earth.

REENCUENTRO

Tú y yo de nuevo solos
mi lago bienamado
resistiendo el embate
del paso de los años.

Ha habido algún desgaste:
de un pino centenario
no queda más que un trozo
de tronco cercenado.

los destrozos recientes
los recuerdos tajados
quedan, agonizantes
de un gran amor de paso.

Tú y yo tras otro invierno
juntos otro verano
más cerca del otoño
más lejos del milagro.

REENCOUNTER

You and I alone again
my beloved lake
resisting the sharp blow
of the passage of years.

There has been wear:
all that remains
of a centenarian pine
is a sawed-off stump.

The recent destructions
the cut-off memories
remain, death throes
of a great passing love.

You and I after another winter
together another summer
closer to fall
farther from a miracle.

EL CAMINO

No es el camino fácil ni lo ha sido
no ha sido ni será libre de zarzas
de abrojos ni de espinos.

No es el camino estrecho, el norte fijo
no habrá ni ha habido nunca sendas claras
ni rumbos definidos.

No siempre árido y solo es el camino
ha habido y habrá acaso alguna escala
un oasis compartido.

Mas cuán caro se paga tal respiro
al emprenderse una vez más la marcha
sin agua y sin amigo.

THE ROAD

The road is not easy, nor has it ever been
it has never been nor ever will be free
of brambles, thistles, thorns.

The road is not narrow, the north fixed
it will not have nor has ever had
clear paths, definitive routes.

The road is not always arid and solitary
it has had and may yet have
a stopping place, a shared oasis.

But how dearly paid that respite
when one sets out again on the journey
without water and without a friend.

REINCIDENCIA

Espejismos tenaces del recuerdo
arcoiris de un día
salado manantial
castillos pisoteados en la arena;
tanto beber sin apagar la sed
tanto soñar para seguir despierta
tanto surcar la mar en un instante
para acabar en tierra
con el mástil quebrado
desgarrada la vela
mas con el ansia intacta
de ver salir un arcoiris nuevo.

RELAPSE

Tenacious mirages of memory
rainbow of a day
salty spring
sand castles trampled on
so much to drink without quenching thirst
so much to dream just to stay awake
so much to cross the ocean in just an instant
to end up on shore
with a broken mast
the sail torn
but the longing
to sight another rainbow
intact.

UNA VEZ MAS

Una vez más mi corazón te llama
maldito corazón que nunca acaba
de aprender a morir.
Una vez más mi cuerpo te reclama
cuerpo desventurado que se niega
a dejar de existir.

ONCE MORE

Once more my heart calls to you
accursed heart that never stops
learning to die.
Once more my body claims you
wretched body that refuses
to stop living.

ESPERA

Rosa y violeta
luz suspendida
trémula mi alma
instante efímero
rojo y ardiente
te busca en vano
tras otra noche
tras otro día
otro crepúsculo
labios vacíos.

WAITING

Rose and violet
suspended light
my soul, trembling, seeks—
ephemeral instant
red and burning—
you, in vain
through another night
another day
another dawn
useless lips.

FUE TU VOZ

Fue tu voz
o fue acaso tu palabra
o tu voz acarreando tu palabra
hasta hacerla llegar hasta mi centro.

Fue tu voz
la palabra fecundada
por tu voz, la semilla germinada
que encontró suelo fértil en mi centro.

IT WAS YOUR VOICE

It was your voice
or perhaps your words
or your voice carrying your word
bringing it even unto the center of my being.

It was your voice
the word fertilized
by your voice, germinated seed
that found fertile soil in me.

PALABRAS II

Se las puede pulir hasta que brillen
las dóciles palabras sobre la página
se las puede hacer tímidas y candorosas
íntimas, sugestivas o apasionadas.

Mas las palabras vivas, torpes y humildes
sin una mano firme que las guiara
sin una pluma experta que las puliera
las palabras rebeldes nos traicionaban.

WORDS II

The docile words upon the page
can be polished until they shine
made timid and innocent
intimate, suggestive, impassioned.

But live words, rough and lowly,
without a steady hand to guide them
without an expert pen to smooth them—
the rebellious words betrayed us.

OASIS

A través del silencio tú existías
en tu oscuro silencio sepultado
a través del silencio te soñaba
viril, ardiente, puro, enamorado.

Renaciendo en mi pecho, tan herido
plenamente entregado te buscaba
al azar, sin pasado, sin mañana
en medio del camino te he encontrado.

OASIS

Across the silence you existed
in your dark, concealed silence
across the silence I dreamed of you
ardent, virile, pure, loving.

Finding new life in my so wounded breast
fully given over, I searched for you
haphazardly, looking toward neither past nor future.
In the middle of the road I have found you.

NADANDO HACIA TU CENTRO

Nadando hacia tu centro
voraces, desatados
los peces de mis muslos
los peces de mis senos
los peces de mis labios y mi lengua
bordeando los abismos
sondeando los océanos
expirando entre musgos submarinos
viscosos, relucientes
los insaciables peces de mi vientre.

SWIMMING TOWARD THE CENTER

Swimming toward the center of your being
voracious, uncontrollable
fish of my thighs
fish of my breasts
fish of my lips and my tongue
circling abysses
sounding depths of oceans
dying in underwater mosses
viscous, gleaming
insatiable fish of my womb.

ANHELO

De arroyo cristalino quiero mis manos
para aliviar el ansia de tu frente cansada.
De olas de mar batiente quiero mis brazos
para envolver tu duro cuerpo marcado.
De clavel y rocío quiero mis labios
para que beba en ellos tu boca árida.
De murmullos profundos quiero mi pecho
para atenuar del tuyo los latidos salvajes.
De húmedo barro rojo quiero mi vientre
para que tus raíces no estén al aire.

YEARNING

I want my hands to be a crystal stream
to soothe the worry of your tired brow.
I want my arms to be waves of a breaking sea
to hold your firm, scarred body.
I want my lips to be of carnation and dew
that your mouth may drink of them.
I want my heart to be full of deep murmurings
to soothe yours with its savage beating.
I want my womb to be of a damp, red earth
that your roots may not dry in the wind.

GOSSAMER

Te he de moldear a mí, he de envolverte
en miles de hilos finos, transparentes
trenzados de mil formas primorosas
cada vez más ceñidos a tu cuerpo.

Hilos de dura seda al tacto suaves
hilos de dulce acero al roce ardientes
tejeré sin descanso hasta habituarte
al continuo sustento de mis besos.

GOSSAMER

I will mold you to myself, I will wrap you
in thousands of fine transparent filaments
entwined around a thousand exquisite forms
clinging each time more tightly to your body.

Threads of strong silk smooth to the touch
threads of soft steel burning to the skin
I will weave without ceasing until you grow used
to the continual sustenance of my kisses.

FANTASMAS

Pero es que no me basta
ser sombra entre otras sombras
fantasma de un recuerdo;
soy de sangre y de barro
tropical amasijo de otras playas.

Pero es que no me basta
vivir en el presente
que nunca ha de bastarme
revivir el pasado;
yo necesito el beso
que sigue al primer beso
(me sobran tantos besos
tantos besos me faltan).

Pero es que no me basta
que pasen esas cosas
a veces, que el azar no me basta;
yo construyo castillos
aunque después se caigan
(ahora los hago herméticos
pegados a la tierra
para que no se pueblen de fantasmas).

Pero es que no me bastan
sus galerías secretas
sus oscuros pasajes subterráneos
que siguen atrayendo
aunque yo los ahuyente, a otros fantasmas.

GHOSTS

But for me it is not enough
to be a shadow among other shadows
a ghost of memory
I am made of blood and earth
tropical dough from other beaches.

But for me it is not enough
to live in the present
but it will never be enough for me
to relive the past;
I need the kiss
that comes after the first kiss
(so many kisses to spare
so many kisses lacking).

But for me it is not enough
that these things happen
sometimes, nor is chance enough;
I build castles
though afterwards they fall
(now I make them watertight
glued to the ground
so that ghosts will not inhabit them).

But for me they are not enough
their secret galleries
their obscure subterranean passages
it is not enough that they go on beckoning,
even though I drive them away, to other ghosts.

SALDO

Darse entero, entregarse
quitarse la careta
sacarse la camisa
estrecharse, pulirse
amoldarse a las formas
del otro cuerpo, abrirse:
recurrentes imágenes
palabras balbucidas
se aferran al recuerdo
resisten al olvido.

TALLY

To give oneself entirely, surrender
take off the mask
remove the shirt
embrace, polish each other
mold oneself to the forms
of the other's body, unfold:
recurrent images
murmured words
moor in memory
resist forgetfulness.

GERMINAL

Porque ya es primavera
los sauces emplumados de amarillo
exhalan mil suspiros
la verde yerba húmeda
renance, perfumada
en enjambre de trinos
los pájaros anidan.

Es tarde de domingo y ha llovido
otra incompleta tarde de domingo
tenaz en la esperanza
ufana en el recuerdo
perdida en la distancia, florecida
imágenes concretas, apremiantes
palabras reprimidas.

GERMINAL

Because it is already spring
willows feathered in yellow
exhale a thousand sighs
humid green grass,
fragrant, is reborn
birds build their nests
in a swarm of trills.

Sunday afternoon, it has been raining
another incomplete Sunday afternoon
stubborn in its hope
exultant in its memory
lost in the distance, garlanded
concrete, compelling images
words left unsaid.

MAL DE AUSENCIA

Me ha entrado mal de ausencia
de pronto, sin aviso
después de convencerme
que al fin había aprendido
sin quejas ni añoranzas
a seguir el camino.

Irrumpen los recuerdos:
tus pies entre los míos
tu mano en mi cadera
(tus sabias manos tibias)
tu sonrisa difícil
tu palabra exquisita.

Me duele la distancia
Atlántico y Pacífico
opuestas primaveras
otoños encendidos
inviernos separados
continentes de olvido.

MAL DE AUSENCIA

Sickness of absence has come to me
suddenly, without warning
after I'd convinced myself
that I had learned to carry on
without complaints or regrets.

Memories rush forth:
your feet against mine
your hand on my hip
(your knowing warm hands)
your difficult smile
your exquisite word.

The distance pains me
Atlantic and Pacific
opposite springtimes
fiery autumns
separate winters
continents of forgetfulness.

TORMENTA DE VERANO

Tormenta de verano: de repente
el aire se hace denso
el cielo se ennegrece
revientan goterones que penetran
el calcinado suelo.

Las gotas se hacen hilos
los hilos se hacen tela
telón tornasolado del que emergen
exquisitos olores
tropicales sabores de mi tierra.

El mango, la guanábana, el caimito
reaparecen, vibrantes, bajo el trueno
el relámpago alumbra mediodías
de infantiles terrores, lentas tardes
de amoroso fervor adolescente.

Ya pasa la tormenta: el aire se aligera
el cielo se despeja
todo vuelve a la calma
precaria y desabrida de un verano
tan lejos de tus besos.

SUMMER STORM

Summer storm: suddenly
the air thickens
sky blackens
large drops burst and penetrate
ashen soil.

The drops become threads
the threads become cloths
from which iridescent curtains emerge
exquisite odors
tropical flavors of my land.

The mango, the fragrant fruits
reappear, vibrant, beneath the thunderclap
lightning illuminates noons
of infantile terrors, slow afternoons
of adolescent fervor.

The storm is over: the air lightens
the sky clears
all returns to the precarious, insipid calm
of a summer
so far from your kisses.

MEMORIOSA

Recuerdo cada instante, cada gesto
cada palabra dicha o reprimida
recuerdo tu mirada y mi mirada
recuerdo el mar, el río, el aire, el cielo.

Recuerdo el roce dulce de tu aliento
tu mano en mi mejilla
la curva de tus labios
tus ondeados cabellos.

Recuerdo estremecida en el recuerdo
tu cuerpo duro y suave:
minuto por minuto entre tus brazos
recordar quiero, amado, mis recuerdos.

MEMORIOSA

I remember each instant, each gesture
each word said or unsaid
I remember your gaze and my gaze
I remember sea, river, wind, sky.

I remember the sweet friction of your breath
your hand on my cheek
the curve of your lips
the waves in your hair.

I remember trembling in my memory
your body, hard and soft:
minute after minute in your arms
I want to remember, love, my memories.

GLOSA

Dulcemente abrumado de imposibles presagios
Enrique Lihn

Dulcemente flotando mi cuerpo sobre el agua
ondula con la brisa y la corriente
lo empuja hacia la orilla.

Abrumada de luz cierro los ojos
dejo que el agua lama mis oídos
dejo rozar los juncos con mis muslos
imposibles veranos: allá hará tanto frío.

Tu imagen de papel entre el desorden
eterno de mis libros y tus versos
presagios de esa agua que me llena las manos
y que fluye y que fluye.

GLOSS

> Sweetly oppressed by impossible presages.
> Enrique Lihn

Sweetly my body floating in the water
undulates with the breeze and the current
pushes it toward the shore.

Oppressed by light I close my eyes
let the water lick my ears
let my thighs brush against the reeds
impossible summers: it must be so cold where you are.

Your paper image amid the eternal disorder
of my books and your verses
presages of this water that is filling my hands
and flows and flows.

INDICE  **CONTENTS**